Julius Wilhelm Helferich Rieckher

Die zweisprachige Stuttgarter Homerhandschrift,

ihre Varianten zur Odyssee, nebst den Lesarten der Uebersetzung des Manuel

Chrysoloras

Julius Wilhelm Helferich Rieckher

Die zweisprachige Stuttgarter Homerhandschrift,
ihre Varianten zur Odyssee, nebst den Lesarten der Uebersetzung des Manuel Chrysoloras

ISBN/EAN: 9783743431317

Hergestellt in Europa, USA, Kanada, Australien, Japan

Cover: Foto ©ninafisch / pixelio.de

Manufactured and distributed by brebook publishing software (www.brebook.com)

Julius Wilhelm Helferich Rieckher

Die zweisprachige Stuttgarter Homerhandschrift,